Laura Ingalls Wilder

escrito por Katherine Scraper
adaptado por Mónica Villa

Ella es Laura Ingalls Wilder.
Vivió hace muchos años.
Escribió libros sobre cómo era
la vida hace muchos años.

Aquí está Laura Ingalls Wilder
cuando era joven.

Hoy en día las personas todavía leen sus libros. Les gusta leer sobre lo que hizo. Quieren saber cómo vivían las personas hace muchos años.

Laura vivía en el bosque en una pequeña casa de troncos.

Así era la primera casa de Laura. Ella nació el 7 de febrero de 1867 en Wisconsin.

Nadie más vivía cerca de su casa de troncos. ¡Pero sí había muchos osos!

A Laura le gustaban los cuentos que su mamá y papá le contaban sobre los osos del bosque.

Su familia se mudó muchas veces. Viajaban en una carreta jalada por caballos.

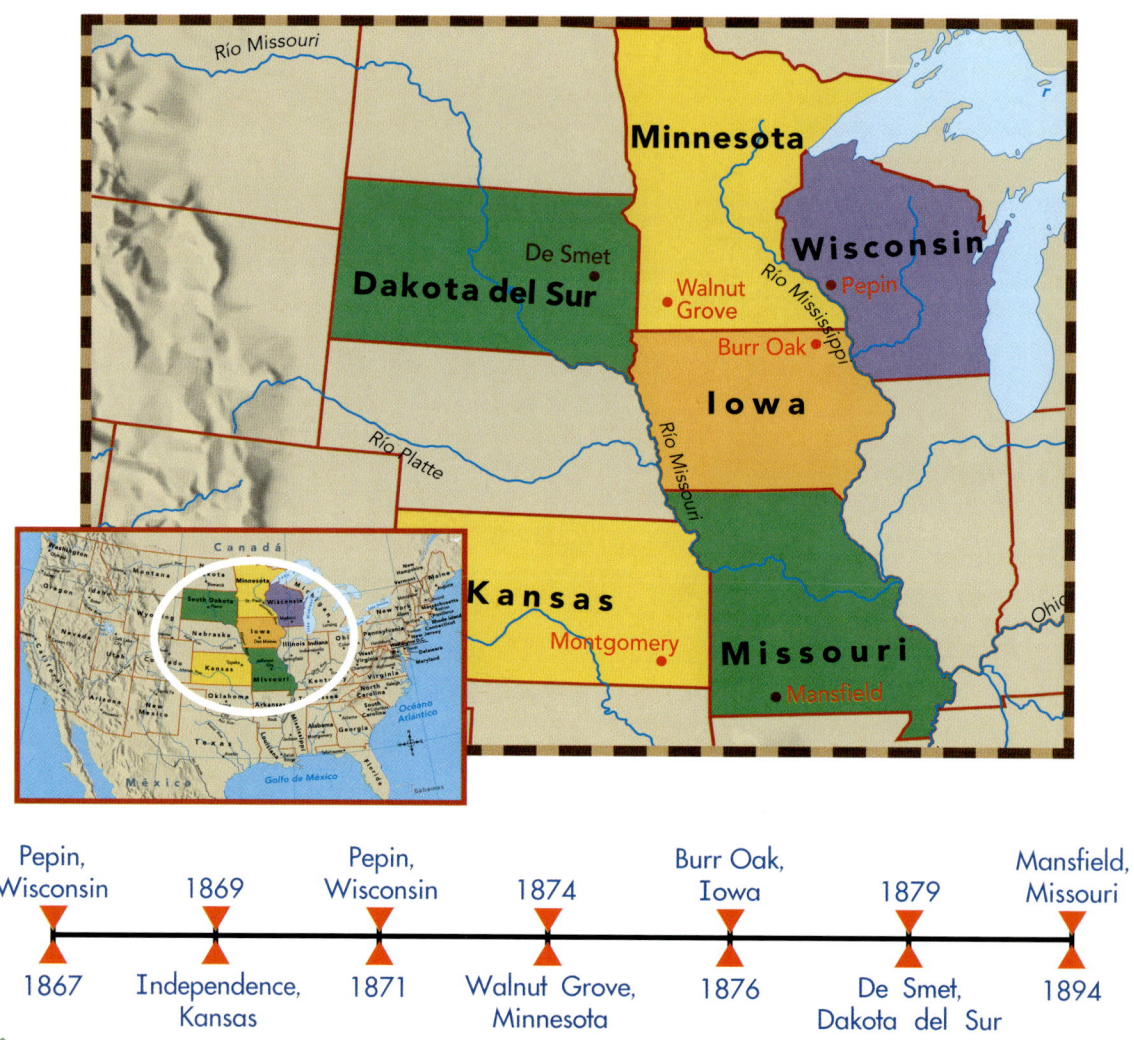

Así es cómo viajaban las personas
de un lugar a otro hace muchos años.

Hace muchos años las personas tenían que construir sus casas.

La familia de Laura construyó muchas casas nuevas debido a que se mudaron muchas veces.

Laura vivió en una casa subterránea parecida a esta.

Laura se divertía con su familia.

Mary, la hermana mayor de Laura, era ciega. Sus hermanas menores se llamaban Carrie y Grace.

Laura también ayudaba a sus papás. Ayudaba a su papá en la granja.

Hace muchos años las personas usaban bueyes para cultivar.

Ayudaba a su mamá a cocinar.

Hace muchos años las personas cocinaban sobre un fuego.

Cuando Laura creció se hizo maestra. Su escuela sólo tenía un salón.

Laura Ingalls Wilder dio clases en una escuela como esta.

Laura se casó.

Se casó con Almanzo Wilder en 1885.

Tuvo una pequeña niña.

En esta foto aparece Rose, la hija de Laura Ingalls Wilder.

Laura escribió sobre su vida para su pequeña hija. ¡Ahora, tú también puedes leer sus libros y ver cómo era la vida hace muchos años!

Laura Ingalls Wilder escribió nueve libros sobre su vida como pionera en el Oeste. Murió en 1957 a los 90 años.